A las gitanas de mi vida

Silvia Agüero Fernández

Con la colaboración especial de mi criatura
Carmen Manuela

Prólogo
Nicolás Jiménez González

La Parcería Edita
Colección Mundos Otros

A las gitanas de mi vida

Silvia Agüero Fernández
La Parcería Edita, 2024

Prólogo
Nicolás Jiménez González

Imagen de portada

Imagen de archivo: Group of "gitanos" (1863)
Robert Peters Napper Museu Nacional d'Art de Catalunya
Intervención: Silvia Agüero Fernández

Retrato fotográfico
Laura Ortega

Revisión de textos
Tole Álvarez
Nicolás Jiménez

Cuidado editorial
Silvia Ramírez Monroy

Diseño editorial
Guiomar Rey Fernández

ISBN: 978-84-128992-3-8
Depósito legal: M-26733-2024

Impreso en Estugaf Impresores, S.L
www.laparceria.og
edita.laparceria@gmail.com
IG: @laparceriaedita

La Parcería Edita
Colección Mundos Otros

Cultura, derecho de **Todas**
Proyecto subvencionado por:

Silvia Agüero Fernández (Madrid, 1985) Se define como gitana, mestiza feminista, e hija de Dios. Es escritora, actriz, un poco dramaturga y presentadora del programa *Al Lío* de CGT para Canal Red a la vez que representa el monólogo teatral *No soy tu gitana* (Teatro del Barrio) Es autora de *Mi feminismo es gitano* (2020); ha participado en los libros colectivos *Disidencia en el cuerpo: perspectivas feministas* (Ménades, 2019), *Feminismos: miradas desde la diversidad* (Oberón, 2019) y *Mirades a la Violència Obstétrica* (Polen ediciones/Mujer Luz, 2019).

Es editora en jefe de la revista *Pretendemos Gitanizar el Mundo*.

Coautora de *Resistencias gitanas* (Libros.Com, 2020) y *¿Anarquismo gitano?* (Catarata)

An vakeripen
Jekh kamipen
Nakhel o them an nevi fòrma
Y al hablar
Un amor
Atraviesa el país en una forma nueva.

Kamipnasqo Mestipen

Índice

A modo de presentación
por Nicolás Jiménez González

Silvia Agüero Fernández, actriz, dramaturga, escritora, comunicadora y ahora también *pintaora* de colores en viejas fotografías es la persona con quien comparto la vida y una hija. Se ríe con amplitud, odia en profundidad, habla resueltamente sobre cualquier sentimiento tuyo o suyo o nuestro y es muy sincera. Tanto que, a veces, duele y, casi siempre, consuela porque la verdad ayuda a cerrar la herida.

Este álbum de recuerdos es, como sus macarrones *estofa'os*, comida de supervivencia preparada con lo que se encuentra por casa y con la intención de alimentar a quienes esperan con hambre verdadera. No es un plato que uno pediría en un restaurante de lujo -donde nadie se conoce, donde todo el mundo estira el cuello para ser reconocido-. Ni tampoco es la comida que uno prepararía para darse un homenaje el día que tiene el bolsillo lleno. No. Los macarrones *estofa'os* se añoran porque quitan el hambre. No te acuerdas de ellos cuando tienes la nevera llena. Los recuerdas el día que lloras la ausencia de la infancia y sientes el hambre infinita de entonces.

No obstante, Silvia es muy consciente de que ningún tiempo pasado fue mejor. También lo es de que el futuro no será todo lo bueno que desea. Aquí en el presente, eso sí, conviene echar cuentas del pasado, tratar de meterle color a las fotos antiguas para hacerlas más vivas, para sentirlas más y para que al verlas sientas que sus protagonistas no fueron sólo el objeto de un fotógrafo extraño. Mientras tanto, también nos permite adivinar entre recuerdos sus sueños futuros.

"A las Gitanas de mi vida, a mi abuela, a mi suegra, a mis hijas, a mis cuñadas, a mis primas , a mis amigas , que son realmente las gitanas de mi vida"

...Poder Gitana...

Lagartija

Así la llama el abuelo. El abuelo: grande, madrileño, con ojos casi blancos. Desde él a la nieta ha pasado el tiempo, sobre todo.

«Abuelo, no me llames lagartija que no me gusta».

El abuelo se ríe, la nieta se enfada.

Carmen Manuela, quizás, no entiende que la llama así por costumbre y, quizás, por una costumbre de algún recóndito y remoto origen que en él marcaron. Si la protege de los demonios no lo sabemos porque a ella la protege de la ansiedad del cole la Soleá, la hija del Farru, que hace vídeos en TikTok.

La profesora sale un día y me dice que tiene que hablar conmigo, que soy su madre.

Me cojo del brazo de mi *marí'o*, porque miedo me da la *diabloprofe*.

Nos cuenta, 4 años tiene la niña, que le dice que «El rojo es el color de las gitanas».

Y ella, la profesora -que diabla no es, pero un poco lila sí- le dice a la gitanita que con 4 años le ha contado que el rojo es el color de las gitanas que en el cesto de las pinturas, de esas de cera dura de la marca que ellas nos obligan a comprar, solo hay un rojo. Nos dice que la niña solo quiere pintar con rojo.

La *dilileta* blanquita, poquita cosa y sumida en un sistema de pensamiento de leyes y estructuras inhumanas, dice que lo entiende pero que no puede hacer diferencias. Y nosotras, mi *marí'o*, la niña y yo, callamos para seguir viviendo que decían Los Chichos, porque no nos va la vida en ello. Asentimos y nos vamos. Bajando la cuesta reímos. Y, claro que sí, que es mentira que ni el rojo ni el verde ni ningún otro es «el color de las gitanas»; pero ella, con sus cuatro *gigantoscos* años lo ha hecho verdad por su deseo, porque el rojo le gusta a ella.

El rojo es el color de las gitanas. Y ella ha luchado por él sin violencia y con inteligencia y entonces ese mundo de tiempo entero que hay entre el abuelo y ella se hace más chico. Y al abuelo si se lo cuentas se ríe y la llama lagartija y ella se enfada.

Mis hombres

Dicen que son mis hombres y mis hombres son. Te lo voy a demostrar.

Un día de calor y hasta las 10 de la noche vendiendo. Pimientos y pimientos rojos y más pimientos. *To'a* la Transit llena de pimientos y los de abajo se pudrían con tanta calor, y cada hora que sudaban. Sudaban los pimientos y sudaba el abuelo.

La nieta, que era y soy yo, sonreía a las vecinas ¡Qué asco de payas! Te racanean 1 euro que valen los pimientos. Que no lo hacen porque no lo tengan, lo hacen *pa saber* ellas que pueden contigo y subir a su casa y decírselo a su *marí'o*, que ¡han *engañao* a la gitana! Las hippies no te racanean y dice mi *marí'o* que los maricones y las lesbianas tampoco, pero las payas viejas sí.

Y me hacen subir la compra hasta el 4º y, si se ponen, que se los guise. No eso no.

Además, los payos de la frutería del pueblo llaman a la Policía si ven a mi abuelo vendiendo. El gitano que se viene conmigo *pa* ver si gano un duro, por eso y porque le compro tabaco. Cigarros sueltos en la tienda del bizco. Que se fuma a *escondí'as* de mi abuela porque lo *tasabela*.

Se viene a emplear porque le gusta tratar con el payo. Y disfruta de cómo me mira el payo porque lo enamoro y roneo y luego le hablo y no paro de hablar y él lo disfruta y me dice que soy una fiera y me lo *querelo* y así estamos.

Pues ese día lo pasamos bien y compramos cigarros y coca-cola y subí pisos y mientras bajaba yo también me escondía del abuelo y me lo fumé. Y justo a las 10 de la noche el *degracia'o* de la frutería que había *avisa'o* que llevábamos *to'l* día vendiendo con la ranchera granate.

¡Y me llevaron presa! Por eso y por otra vez que vendí perfumes y otra paya de la droguería llamó. Y mi abuelo se vino conmigo al retén de la policía porque me cogían a mí que vendía, porque a mi abuelo qué le iban a hacer.

Recuerdo a mi abuelo y a la *pestañí*: dos *pestañós* del pueblo, racistas, pero de estos que no están *picardea'os*. Recuerdo hasta el olor a pimientos *podrí'os*. Recuerdo a mi abuelo diciéndoles *arrodilla'o* que era la más lista de la familia, que iba *pa abogá'*; que por favor no me quedaran antecedentes y yo *mutrándome* de la risa y mi abuelo llorando y salir y mi abuelo reírse conmigo.

De mis hombres recuerdo eso, la Ford Transit, los pimientos, el café, un plato de berenjenas fritas que mi *marí'o* me compró en el Albaicín, 10.000 pesetas que me dio uno de mis tíos -*enluta'o* y con sombrero, alto-. Me los dio *pa* comprarme una mazorca de maíz de juguete que yo vendía en un puesto en la calle y ¡ni se llevó el maíz! Recuerdo a mi abuelo, a mi *marí'o* y a mi suegro cuando se ríe cuando le digo borderías. Se ríe el abuelo, mi suegro, porque soy mujereta y le canto y le bailo sin saber, y de eso se ríe y le bordeo y le digo que le compro un oxímetro por Amazon y se ríe.

Mi hijo también se ríe cuando hablo con las médicas *mu* payo y marco muy bien las eses. Y se ríe y traga porque se enlacha y me dice «Mama, qué roneanta eres». Y a mí me hacen reír también ellos. Como cuando el Miguelito de chico, cuando le preguntaba qué había hecho por la calle con los niños, y me soltaba *to* la retahíla: hemos *llorao*, hemos *reí'o*, hemos *jubado* a la *pley*, hemos *rompido* cosas que *habiba* por la calle.

¡*Pos* sí que son mis hombres! ¿Ves? ¡*Pa* mí *pa* siempre!

"yo vengo vendiendo flores
Las mias son amarillas
Las tuyas de dos colores"

GRENADE.—638.—Bohémiennes ou gitanas. (d'après nature).   J. Laurent y Cⁱᵉ Madrid.
Es propiedad.   Dépose.

Y luego dices que eres Feminista

Eso me contestó la cabrona.

Pues sale la niña con el cuerpo de escándalo que tiene, que usa dos tallas más de sujetador que yo a sus 15 años. Sí, así sale. Hace calor, que sí que hace calor. Pero, a ver ¿una braga vaquera? ¿Sabes? ¡Una braga vaquera! que dicen que es pantalón pero es mentira. Y un hilo de camiseta, que ni tapaba ni *na*. Y así se iba tan feliz mientras a mí me daba una ferecía, un perraque ¿¿PERO DÓNDE TE CREES QUE VAS??

«Luego dices en el Twitter y *to* que eres feminista». Eso me dice y me callo.

Luego le digo «Perdona, que me da miedo».

Luego sale y así se va. Tal cual.

Y otro día le encontré un porro y le tiré la habitación abajo y otro ataque que me dio. *To* le registré y *to* le tiré y quería matarla y eran las 12 de la mañana.

Pues qué iba a hacer: llamar a la Natalia y la Clari y a Katius y a Clau y a Tami. *Pos* se lo cuento y les mando la foto de cómo le he *deja'o* la habitación. Y las *lacorrillas* con paciencia. Se *mutran* de la risa.

Y terminé limpiándole la habitación. Y me enfado con el padre que es el que *chanela* o eso dice él.

Y así estamos, que luego cuando lloro o estoy mal es la primera que me abraza que la pequeña es *mu* cardo y el otro si me ve llorar le da una depresión. Pues voy a ella, de vez en cuando, que es *mu* intensa ella con to su pavazo. Pues bueno, que es *mu* graciosa y *mu* intensa. Y to'l mundo dice que se parece a mí y yo -sin haber puesto *na* en su elaboración- siento el mismo orgullo que si la hubiera *parí'o*. Y a ella que le hace gracia que nos digan eso. Y a ella que le gusta medirme eso del feminismo. Ya, que es otra generación y soy *pureta* ¡*Pos* me enseña! Y luego digo que soy feminista. *Pos* sí, lo soy, con mis miedos y mis contradicciones ¡Ea!

La sinestesia de las gitanas

Dice el Antonio de Badajoz que si a los vinos, *pa* criarlos o *pa* servirlos, les pones música saben de otra manera y que depende de la música así te saben. Le dije que, entonces, yo era igual que el vino porque a mí la música es que me cambia el estado, *jura'o*. Y además que soy una fascista con la música y una ansiosa, porque *na* más que quiero escuchar 200 veces el mismo disco.

El del Israel Fernández ya lo tengo *aborrecí'o*, *cholorrico*, con lo que me gusta.

Más me gusta en directo la Tomasa, la Macanita, y a mis niños también que son igualitos que yo, que les gusta escuchar el disco mil veces, que una vez que fuimos a Jerez, en el camino de vuelta hasta Madrid fuimos escuchando *to'l* rato ¡600 kilómetros! la misma canción de la Tomasa. Y a ella te la comes, que tiene mucha fuerza en el coño. Cada vez que me ve me riñe, la gitana. Te *v'ía* matar, me dice «¡No *l'as* puesto zarcillos a la niña!» y luego me besa. Qué guapa estás, me dice. Y quiere a la niña. La Carmen Manuela ¡Ay la Carmen Manuela! Eso dice. Y luego me riñe porque dice que está *mu delgá'*; que no le dé teta; que le dé *comí'a* y se la pone a su *la'o* pa darle de comer. Y nos canta en la mesa, mientras comemos y le decimos canciones. Y al Miguelito le canta, que le quiere, que se parece a su sobrino.

La Tía Juana la del Pipa, me huele a humo y a casa antes de comer. Y ella me dice que qué *salá'* soy. Me cuenta que tiene más niños que muebles. Esa noche canta en Jerez en el homenaje al Torta y le toca salir al escenario de *madrugá'*. Termina y se va de prisa *pa* hacerles la *comí'a* a sus criaturas. También me cuenta que esconde chocolates por *to's la'os pa* tenerlos disponibles *pa* cuando los niños le piden chuches. Y canta que es una maravilla verla.

Luego la Araceli de Lebrija que me dice que por qué no escucho a la Inés Bacán. Y la escucho y pienso, sin conocerla, que haríamos buenas migas.

O una vez con la Manuela, la del Farruco, que me la encontré en los baños del Torero, en Madrid, que bailaba ella después. Y cuando iba al baño me buscaba entre la gente con los ojos *pa* que fuera con ella al baño y hablar de cosas y de chismes que eso me gusta a mí mucho y a ella también.

Otra vez con la Montse Cortés, que vino a ver mi obra ¡Qué guapa es la Montse! Y me dice «Coge el cante más abajo que te ahogas y no llegas». Y me escribe preguntándome «*¿Cómo estás? ¿Dónde andas, viajera?*».

Y luego la Anabel Valencia, que no la he visto nunca en persona pero que tiene un niño de la edad de mi niña y me llama por teléfono y me cuenta las cosas que hace. La Anabel ¡con lo que me gustan sus *vestí'os*! Sobre todo uno que llevó en la Caracolá de Lebrija, que la grabaron el Pedro y la Araceli y me lo mandaron por WhatsApp.

En Jerez vi también a la María Terremoto. Me gusta en un vídeo del Facebook que está ella por ahí en Estados Unidos con un payo negro que toca como soul y ella se lo canta, en guiri porque *chanela* el guiri, con sus gafitas, tan graciosa

¡Me la como! Yo creo que me llevaría bien con ella.

Porque luego las tengo al *la'o* y me muero de *lache* y de admiración. Pero que son como nosotras. La Paqui me lo dijo, que la Zarzana es familia suya y la invita a sus cosas. Como nosotras, igual.

El otro día, después de lo del Antonio en La Cabra, después de que me hablara de la sinestesia esa, la Manuela me dijo que habla *to's* los días con la Kaíta, y yo «Anda, tráela que me gusta mucho». Es que con la Kaíta te mueres.

Pues fuimos la Manuela y yo a la Plaza Alta y *choré* una tabla, de esas que sc usan *pa* servir las raciones ¡Más bonita! de La Casona sólo *pa* recordar el momento y *pa* hacerle rabiar al payo. Y me la traje también porque he visto mil veces el final de la película Latcho Drom, que se rodó allí, en la Plaza Alta y esa juerga es *pa* morirse y cuando veo la tabla me acuerdo y me dan ganas de bailar al cante de la Remedios y del Viejino.

Y yo lo de la sinestesia esa pues no sé. Pero veo colores y me *jindela* la casa a sus perfumes y a sus pintalabios cuando las escucho. Y cuando veo a la Paquera, que en Gloria esté, la casa me huele a puchero de arroz con habichuelas y cardillos. Yo no sé si esto es la sinestesia, pero eso le dije al Antonio.

Aquella noche en Sevilla

Cuando nací ya hace milenios
aunque sea reciente mi carné
todo era mucho más hermoso
pero aquello duró
lo que un relámpago
o tal vez menos
José Heredia Maya, Penar ocono

Aquella noche en Sevilla, mi primo el Migue me habló mucho de Lorca, el *jambo* aquel que quería escribir cosas gitanas y le salió un romancero que ni era gitano ni tenía romances. A mí me da igual ese payo. Un *jambo* más. A ver, que sí, que entiendo que hay mucha gente que les gusta. Yo también he leído alguna cosa suya que me ha gustado:

Cuando la cabeza inclina
sobre su pecho de jaspe,
la noche busca llanuras
porque quiere arrodillarse

Cuando se la escuché cantar a Tomasa Guerrero Carrasco, La Macanita, y a Fernando Soto en aquel concierto de navidad yo me imaginaba al Arcángel San Gabriel camelándose a la Virgen María. También lloré por Lorca cuando vi Una noche sin luna porque Juan Diego Botto me lo acercó y me lo convirtió en persona.

A veces le leo a mi Carmen Manuela los libros de Manolito Gafotas porque me gustan. Manolito no es gitano. Lorca tampoco. Ni su arte. Ni sus cosas.

Mi primo el Migue, aquella noche en Sevilla, en un bar *mu* friki, *mu* devoto, con santos, vírgenes e incienso, habló mucho de Lorca y de las gitanas: que si las gitanas se han convertido en Soledad Montoya bajando por el monte oscuro de un romance lorquiano; que si los gitanos se han convertido en Antonio Torres Heredia, moreno de verde luna y voz de clavel varonil. O sea, en una postal o en una campaña de turismo.

Es que a mi primo Migue no le gusta decir estereotipo ni nada de eso. Yo, en cambio, le conté que no me gusta que los payos me digan guapa ¡Es que no me ven a mí, están viendo a la Carmen del payo Mérimée! ¡Y se les cae la baba! ¡Fua! ¡Qué asco!

Dicen mis primos, el Helios, la Sebi, el Cayetano, la Araceli, los gitanos intelectuales, que es por la colonización del pensamiento. Pero yo no sé *na* de epistemicidios de esos. Yo entiendo más a mi hijo que un día me dijo que en el cole le llaman moromierda. Con las entrañas *removí'as* pero queriendo hacerle reír le digo «diles que eres gitano».

Mama -me contesta-, da igual una cosa que la otra.

Cuando leo al Tío Pepe Heredia siento de verdad lo que dice. Pero no sé si quiere decir lo mismo que yo porque yo no entiendo de poesía na más que cuando me besa mi niño y me dice que lo acurruque, que tiene sueño y tiene frío.

Los ojillos de mi niño

He visto muchas veces a niñas que cuando rompen algo o se les cae algo se asustan.

A mi Miguel le pasa mucho. Nunca le reñimos. Hay gente que riñe a los niños cuando rompen algo.

Mi Miguel se asusta y me mira con esos ojitos marrones que tiene. Tiene los ojos marrones como los caramelos de café esos chiquitillos que de niña yo le quitaba a mi *agüelo*. Porque él no nos daba. Decía que no eran *pa* nosotras, ni *pa* mis primas ni *pa* mí, porque tenían cafeína. *Pos* se los quitábamos *pa* tomárnoslos por las mañanas *pa* no tener sueño. Eso creíamos y ahora me río al acordarme.

Me mira con sus ojos de caramelo de café, asustadito porque se le ha caído algo de las manos y se ha roto. Mi Miguel es tan dulce como esos caramelos de café pegajositos. Tiene su almita impoluta y en su carita solo se ve nobleza, inocencia y enfado. Se enfada mucho, a veces. Porque se ve impotente con cosas que no sabe solucionar y él quiere solucionar cosas que no le corresponden todavía y no sé si algún día le tocará hacer eso. Siempre intenta agradarme y me pregunta muchas cosas.

Yo me asusto porque algo se me ha roto de allí a aquí. Desde aquel entonces hasta este presente. Cuando yo tenía a mi Miguel chico no se me había roto nada todavía. Ahora sí. Se ha roto algo dentro de mí que ya no se puede arreglar y no sé que es.

Pues esto pienso yo, que entonces era todo más bonico. Porque yo sufría el racismo sin saber que lo sufría y la respuesta a eso es otra, no la que tengo ahora que intento pensarlo todo con la cabeza. Y me cuesta. Entonces se me ha roto algo, que no sé muy bien qué es y miro los ojitos de caramelito de café de mi niño y ya está.

Macarrones *estofa'os*

Yo soy gitana mundial
Y tengo amigos a montones
Son por mis macarrones
Que no se *pu'*en aguantar
Tengo amigos en España
y en Europa y Ultramar
Que tienen sabor gitano
y con mucho paladar
Canta por rumbas Dolores Vargas, la Terremoto

Mi *agüela* me hizo macarrones *estofa'os* porque yo no tenía dinero ese día. Un día de calor, de esos que había ido con mi abuelo a vender. Sí, mi abuelo es abuelo y mi *agüela* es *agüela*, solo *pa* vosotros ¿eh? porque en casa no soy capaz de llamarla ni abuela ni *agüela* porque me *tasabela*. A la mama de mi papa se la llama mama y a la mama de mi mama, también mama. *Pos* mi *agüela* hizo los macarrones *estofa'os* porque no era día de cobro. Esa misma noche cobraríamos los puntos, la pensión, el paro, el salario o lo que le tocara, con suerte, a cada una. Y entonces íbamos *to'as* las gitanas con nuestras cartillas del banco a hacer cola en el cajero a las 23:55 pa mirar justo a las 12 de la noche ¡Qué nunca fueron las 00h! si estaba hecho el ingreso y, entonces, sacar *to'a* la paga antes de que nos cobraran la luz, el agua o lo que fuera y nos dejaran sin comer. Pero no habíamos *cobra'o*. Y no habíamos *vendí'o* tampoco. Y no habíamos *para'o* en el kiosko de la Paqui a por cigarros ni a por cocacola, porque hacía mucha calor y no habíamos *vendí'o*. Y ese día solo llevábamos para vender unas camisetas que las había *compra'o* a un vecino gitano ¡¿Habrá mayor incongruencia que juntar estas dos palabras y adjetivar como vecino a un caló?! y no vendimos ni una. Y entonces estábamos así medio tristes. Y recogimos a Miguelito del cole y salía tan contento que me decía «mama, cuando cobres ¿me compras un huevo kinder?» y yo «sí, pero cuando cobre» y llegamos a la casa y mi *agüela* había hecho de comer macarrones *estofa'os* y era triste porque hacía calor y lo que menos apetecía era tomar una comida caldosa. Por educación y por amor a la *agüela* empezamos a hacerle fiestas a la comida «¡Ummm! ¡Qué rico! ¡Qué bien huele!». Cuando te pones a fingir la alegría ya estás alegre. Y comimos macarrones con caldo y verduras y su cachito de pollo y con berenjenas chiquitillas que le gustaban tanto al Miguelito.

Comimos macarrones *estofa'os* muchas veces, muchos días de no vender *na* más que *pa'l* pan. Y *to'as* las gitanas yendo de una casa a otra a pedir un tomate o un cachito de cebolla. Y aquella noche cobramos y al día siguiente compramos un bacalao *pa* hacerlo con tomate y compramos embutido. Muchos días comimos macarrones *estofao's* y les tenía mucho coraje. Ahora, en cambio, echo de menos los macarrones *estofa'os* y la sopa de tomate. Y echo de menos las tardes de pipas y echo en falta la ranchera granate ¡incluso la Transit! Y echo en falta el olor de lumbre y el barro; y echo en falta el griterío por las tardes de las niñas y que la nieta del bizco venga *pa* que la ayudemos a pintarse o a lavarnos el pelo juntas con Mistol.

No he vuelto a necesitar comer macarrones *estofa'os*. Ahora los hago por el placer de recordar y volver a sentir aquellas tardes de calor, pipas y chismorreos.

Si te ha *da'o* hambre y te apetece comer unos macarrones caldosos aquí te comparto la receta.

Necesitarás 1 chorreón (cucharada sopera) de aceite, 2 o 3 cucharadas soperas de sofrito, medio pollo o dos cuartos traseros (lo que encuentres mejor en la pollería. También puedes ponerle higaditos u otras partes -casquería- del pollo), hortalizas (alcachofas, habas, guisantes, berenjena, calabacines, calabaza, zanahoria -la calabaza, el calabacín y las zanahorias suelen mantener un precio aceptable y están buenísimas-, col o coliflor -a mí no me gusta ni la una ni la otra-) de temporada -si lleva pollo, 2 alcachofas o cuarto kilo de habas/guisantes o 1 berenjena mediana o 1 calabacín mediano o 2 zanahorias o un trozo de calabaza o lo que tengas a mano; si no lleva pollo, incrementa las cantidades ¡que nadie se quede con hambre!-, 4 vasos de agua, sal al gusto y medio kilo de macarrones (vale cualquier otra pasta no rellena).

En una olla, pon el aceite. Cuando esté caliente (1 minuto o 2), echa el sofrito (cuanto más sofrito más *güeno*). Muévelo para que se integre (sí, el sofrito debe integrarse, nosotras no) con el aceite. Añade el pollo o las hortalizas si eres vegana. Refríelo hasta que esté dorado o hasta que las hortalizas hayan dejado de soltar agua. Si tu opción es poner pollo y hortalizas, debes añadir éstas después del pollo. Añade el agua y espera a que coja el sabor de los ingredientes (10 minutos hirviendo). Prueba y añade sal si es que le hace falta, yo suelo echar muy poquita. Cuando el caldo tenga buen gusto añade los macarrones. Te recomiendo que los dejes un poco duros, al dente (8 minutos), porque mientras sirves se suelen pasar. A mí no me gustan pasados y blandurrios.

Y ¿cómo no? aquí te explico cómo hacer un *güen* sofrito *pa* que lo tengas y lo uses en *to's* tus recetas ¡Qué está *mu güeno* y le da *güen* gusto a *to*!

Coge 2 cebollas medianas, 1 pimiento verde o rojo mediano, 2 o 3 dientes de ajo, 4 o 5 tomates medianos maduros, 1 cucharada sopera de pimentón de La Vera y 6 cucharadas soperas de aceite de oliva. Si no lo vas a hacer para toda la semana, ya sabes, divide estos ingredientes entre 7, jijiji. Es mejor hacerlo para toda la semana, pero tú misma.

Ahora corta en trocitos las cebollas, el pimiento verde o rojo (el que tengas o, si tienes de los dos, medio y medio. También vale el pimiento italiano o cornicabra, que suele ser más barato y, aunque tiene menos molla, aporta el mismo sabor), 2 o 3 dientes de ajo, 4 o 5 tomates maduros pelados y una cucharada sopera de pimentón de La Vera. Cualquiera de estos ingredientes se puede obviar si no lo tienes en ese momento.

A fuego bajo, pon la cebolla con aceite de oliva y échale un poquico de sal por encima. Antes de que la cebolla se ponga transparente, añade el ajo y muy seguido el pimiento. Muévelo para que no se queme. Yo uso un cucharón de palo -olvida *to* lo que sea metal si no es para servir-. Empezará a soltar agua. Remueve con amor, que es el ingrediente principal y nos hace mucha falta siempre.

Cuando veas que ha reducido, échale la cucharada de pimentón de La Vera dulce o picante, si te mola y lo aguantas. Yo uso ahora uno que me regaló Mari Ángeles, que lo trajo de su pueblo, que está cerca de La Vera (Extremadura).

Pa mi gusto, es el que sabe mejor, con ese toque ahumado que no tienen los pimentones de otras zonas.

Y, a continuación, añades los tomates. Para pelarlos calienta un cacito de agua y, cuando esté hirviendo, mete los tomates un minutillo. A este proceso se le llama escaldar, o eso dicen las que *chanelan*. Así se pelan fenomenal.

Cuida de que no se te queme el pimentón. Tenlo solo unos segundos en la sartén. En cuanto eches el tomate, remueve bien y ya no habrá peligro de que se queme.

Espera a que se evapore el agua del tomate, quedará tra-*baí'co*, espeso. Y ya estará listo el sofrito. Puedes agregarle hierbas aromáticas y sabrá mejor el guiso. A mí me gustan el romero, el tomillo, la albahaca, el perejil y el laurel.

El amor todo lo cura, o sea, el amor todo locura

> *Ay, hasta en mis sueños yo te veo.*
> *Y yo no quisiera quererte*
> *A voces pido la muerte,*
> *vivo mártir del deseo,*
> *yo nací con mala suerte.*
> Canta por fandangos, María Gracia Ortiz Vázquez, Amina

Nunca antes había celebrado mi cumpleaños. Es el 24 de agosto, así que *to'l* mundo siempre está de vacaciones y viajes. La verdad es que me da rabia porque luego llega septiembre y la gente comienza el curso con ansiedad, como si fuera arrollada por la prisa que no les deja tiempo *pa na*.

Así que este año le dije a Kat, casi en mayo, que quería celebrarlo y me dijo: hazlo, pero organízalo tú, que todas organizamos nuestro cumple y nadie lo va hacer por ti. Si lo organizas la gente va. Así que abrí un grupo de guasa, no de coña, si no de WhatsAap.

Esto de abrir un grupo de Guasa para organizar lo que sea es como lo que dice Nico de poner un twit cuando algo te parece injusto, parece que lo arreglas *to* con esto ¡Hala! ¡Ya has puesto tu twit! ¡Ya has *arregla'o* el mundo!

El jueves 22 de agosto, a las 11 de la noche, es la hora de llegada de las niñas a cualquier sitio. Así que ya estaban aquí. Aquí, en mi casa, quiero decir, en mi pueblito precioso, perdido entre Valencia y Albacete. Bueno que me enrollo, siempre me enrollo ¡Que la magia del grupo de WhatsAap funcionó! Sí, y mis niñas, mis amigas vinieron a celebrarme el cumple.

El caso es que llevaba unos meses pensando en Vita Sackville-West –la jardinera escritora que fue amante de Virginia Wolf, la de la habitación propia, sí, la de Orlando- y en Pepita Oliva, su abuela gitana y bailarina ¡Ay que ver lo que les *gustisela* a estas señoritas tener una *agüela* gitana! Y digo yo ¿cómo se puede tener una *agüela* gitana y ser más paya que un olivo? Y pensaba también en *to'a* esa familia de aristócratas o como se digan: payos pijos del Londres de los años catapún que se creían bohemios, o sea, gitanos, porque amaban en libertad ¡Fíjate!

La culpa de este enamoramiento con Vita y su ralea fue de la Gena –una payica *güena* que es directora de teatro- bueno y del Nico. El Nico siempre tiene la culpa de todo porque sabe que soy obsesiva y me cuenta cosas apasionantes de gitanas y yo me obsesiono e investigo y sueño con ellas y se me meten tan dentro de mí que luego me cuesta Dios y ayuda escaparme y volver a mis centros. ¡Ea! Lo mismo me pasó cuando supimos lo de Rosa Cortés, que organizó una fuga de la cárcel de un montón de gitanicas que estaban presas por ser gitanas y ya y *to* eso, que estuve casi un año soñando con ella y con sus compañeras de fuga cada noche y cada día. Sí, ensoñaba con ellas. Era tan real que iba tropezándomelas por la casa, por las calles, en el súper, en el parque ¡Por *to's* lados veía, escuchaba y sentía a Rosa Cortés, a Josefa Gorreta, a la Colorá y a todas las demás! Fíjate si me inundaron la vida que hasta he hecho una obra de teatro con ellas de protagonistas ¡Qué fuerte me parece!

A la Tamara le encanta *to* eso de los sueños y sus significados, dicho sea de paso, así como la que no quiere decirlo pero lo deja caer *pa* que *to'l* mundo lo sepa y se entere que la pelirroja radióloga tiene mucho que decir de mis sueños, de los suyos y de los demás.

El caso es que, cuando vinieron las niñas, mientras fumábamos en el lavadero les conté mi reciente apasionamiento y ensoñación con la movida esta de Pepita y su aristocrática descendencia. Clau es jardinera, como Vita, y obsesiva como su propia hermana Nat, mi muy mejor amiga; que sin duda, es la Virginia de mis sueños. Con el cigarrito en la mano –me sabe a humo, me sabe a humo- y escuchando rumbas pusimos en marcha la revolución, o sea, el payo Google que lo *chanela to, jamía*, y encontramos los libros que escribió Vita, la nieta de la gitana y los de su amante Virginia. Y alucinamos leyéndolos e imaginando sus vidas, la de Vita, la de su abuela Pepita, la de su bisabuela Catalina. Dejamos un poco de lado a la Virginia ¡Es que parece que, para muchas feministas, Vita sólo existió por comerle el coño a la Woolf! ¡Pero si la tía era jardinera, poeta, novelista, madre, amante de mogollón de tías y tíos y, lo más guay, era realmente nieta de una gitana de verdad! Sí, tan verdadera que había nacido en una gitanería, en El Perchel de Málaga, y había triunfado en los más importantes teatros de Europa con su baile y su estilazo.

Iñaki es, sin lugar a dudas, un personaje principal en esta historia. Es tan alta y esbelta, con un acento tan guiri y una carita entre guiri y española pasando en ocasiones por su gitanización completa, que sorprende. Si Paul Preciado es el Orlando de Virginia, sin duda Iñaki es la Vita de mis amores. Digna *pa* escribirle un libro o, por lo menos, una carta de amor eterno, por su belleza y su dulzura y su responsabilidad. Su visión real, su presencia, me inspira. Miro a Iñaki y siento a Vita en todo su esplendor.

Buscando a los personajes en nosotras soñábamos y hablábamos de Victoria, la madre de Vita, y de Catalina, la madre de Pepita, o sea, que Pepita era la abuela de Vita, Victoria la Madre de Vita y Catalina la gitana audaz, inteligente y también obsesiva. Si tuviera que ser alguna de ellas, yo sería Catalina, aunque amo a Vita y a su marido Harold. Así que mi amigo el hortelano Tole es Harold, bueno y Nico también lo podría ser. Lamas, mi experto en zapatillas, también es Harold, aunque quizás sea un poco más Leonard, el marido de Virginia porque está dispuesto a acompañar incluso la locura de su esposa. Porque esa, la esposa de Lamas, es mi Clari, que no está loca ni mucho menos pero que me ha hecho sentir y vivir la vida con Patricia y con Clara, con ambos nombres, juntos o separados, se nombra mi querida amiga y compañera de rizos. Sí, porque entre las que tenemos el pelo rizado tenemos una camaradería especial, basada en la dificultad de encontrar y la alegría de hallar productos que cuiden nuestros preciados y preciosos rizos. Así, clara y patriciamente, entre vivir la responsabilidad de la cotidiana y capitalista vida y dejarte llevar una noche o una tarde que acaba a las 21h en el Kassem o en El Sitio o en una terraza en La Latina.

Clau es sagitario y Kat es mi tierra en la modernez impuesta en Lavapiés. Es la que me hace desayunar en las mañanas con prisa huevos fritos y fumar porrillos en la noche *pa* relajar tanto estrés. La que cuida, siempre cuida y también cuidamos. Aquí, quien escribe, una Virgo redomada de agosto con luna en sagitario, un poco Leo... Vale, que me enrollo. Es que en realidad lo que quiero decir es que Pepita Oliva eligió su vida y tener niñes ilegítimes con un aristócrata de postín y que sin esa gitana, sin Catalina –la madre que parió a Pepita-, hoy la historia de Virginia Wolff sería otra, diferente y, quizás, Vita, la nieta de la bailarina gitana, no le habría inspirado su Orlando.

La historia de la literatura sería también diferente y mi historia sin ellas, sin Virginia, sin Vita, sin Pepita, sin Catalina, sin Clau, sin Clari, sin Kat, sin Nat, sin Iñaki, sin Tami, sin mis Anas (la vecina; mi amiga, y la técnica, mi morra del azúcar) no es igual, sería, como dijo Vita a Virginia: "solo os extraño de una manera desesperadamente humana". En mi caso, no teneros, no compartir mi vida con vosotras sería extraño por desesperantemente inhumano. Sí, sin vosotras me faltaría humanidad. Es increíble cuan imprescindibles os habéis vuelto para mí.

Gracias a esta vida que me dais me atrevo a corregir a Vita en cuanto a su modo de estar en el mundo, que no es el mío, y lo que nos quería contar, que me mola. Y añado que hoy no puedo enamorarme si no es con vosotras a mi lado y ayudándome a ensoñar. Porque el amor es proceso, es precioso, todo lo puede, todo lo cura, todo locura también y todo lo soporta en su verdad infinita.

Total, que este año sí he celebrado mi cumple y lo he hecho a lo grande, con la gente que me hace sentir completa y amada, completamente amada y amante completa de ellas.

Los cuandos de las ropas

Acuérdate cuando entonces
bajabas descalcita a verme
y ahora ya no me conoces
Canta por soleá de la Serneta Tomás Pavón

Cuando vivía en el pueblo, en la provincia de Jaén, y pude salir a vivir fuera del gueto, la casa que alquilé era muy pequeña. Ni siquiera era una casa. Había sido un trozo de otra casa grande y no tenía ni balcón y tendía en la puerta de la casa. Sacaba el tendedero a la calle y venía la policía local y me multaba. Literal, como dice Carmen Manuela, que todo es literal hasta las cosas que dice que son exageradas y fantásticas como cuando se cae y exclama «me rompí el cráneo, literal».

La policía me dijo que no podía tender allí. Les enseñé la casa, les hice un *house tour* de esos y todo *pa* que vieran que era *mu* chica. Cuando se fueron, volví a tender la ropa fuera.

Cuando vivía en las chabolas también sacábamos la ropa a tender y nadie nos multaba. Todas hacíamos la colada a la vez y sacábamos la ropa y nos ayudábamos a tender las mantas y las ropas muy grandes. El día de coladas grandes toda la calle olía a suavizante y a olivos. Siempre olía a olivos.

Cuando de pequeños a los niños les decíamos que en las ventanas donde había ropa de colores tendidas vivían gitanas y ahora siempre lo reconocen así. Un día, llegando a Jerez, intentando adivinar dónde vivían gitanos, les dije a los 3 pequeños que justo ahí vivían gitanos porque había mucha ropa tendida de colores y ellos a la vez gritaron un «¡Ahhh!» grande y desde entonces está en su memoria. Justo estábamos pasando por El Chicle, ese barrio de Jerez que sale en los sucesos de los periódicos.

Cuando conocí a Delaine LeBas, la artista multifacética, iba vestida con ropa cogida con alfileres ¡sin coser! Pensé que era una *jamba*. Le pregunté muchas cosas que me traducía el Nico porque ella es inglesa. Le pregunté por su árbol genealógico y por cómo vivía su gente y la gitana, con una paciencia infinita, iba contestando mis preguntas y sus respuestas me convencieron de que la *jamba* ignorante era yo y que Delaine y su esposo Damian, que en Gloria esté, son más gitanos que el sol.

Cuando vi los cuadros de Gabi Jimenez se convirtió en mi pintor favorito. Me gustan todos sus cuadros porque mirarlos es como ver nuestra vida cotidiana en bonito, por los colores, por su expresividad. El cuadro que más enamorada me tiene es sus 44 payos y un gitano.

Cuando vi los cuadros de Ceija Stojka. Fuí a ver su exposición con Alba y con Araceli y con los niños y sentimos el dolor de nuestra gente y nos arrasó durante meses. Luego vino la pandemia para confirmar que la vida y el dolor son casi, casi lo mismo.

Cuando lavamos las mantas pisándolas en la bañera. No hay mejor manera de lavar una manta que metiéndola en la bañera y echándole agua fría y Mistol© ¡El detergente más gitano! Y pisarla bien y luego meter dentro de la bañera a las niñas *pa* que jueguen y luego aclarar y volver a pisar y dejar a los hombres que la retuerzan y la escurran. Solo puedes hacerlo un día de mucho calor en Julio, y luego la callle *jindela* a suavizante, y luego nos bañamos y reconforta.

Cuando vamos de vacaciones y llenamos la bañera *pa* lavar la ropa. Lo hicimos en El Bosque, precioso pueblo de la Sierra de Grazalema. Pero siempre nos pasa igual: que nos cambiamos mucho de ropa porque somos muchos y nos gusta ir siempre limpios... Pues llenas la bañera y lavas todo de una vez y ya está.

Cuando le pido a mi *marí'o* que escurra fuerte la ropa. Y lo hace tan fuerte que ni un *centrifuga'o* de lavadora a 2000 rpm ¡Revoluciones por minuto! ¡Qué maravilla! y luego yo la sacudo muy bien *pa* que no queden arrugas.

Cuando me harto del suavizante y le echo aceites esenciales y vinagre. Porque tanto suavizante deja la ropa babosa y así dura mucho más, la ropa y el olor a suavizante.

Cuando mis amigas dicen que me sale la hechicera y hago pociones. Y las hago, claro que las hago, hago pociones ¡mágicas! Tengo muchos frascos con aceites esenciales de almendras, de romero, de canela, de lavanda, de árbol de té... Y las mezclo y a veces me sale un antimosquitos y a veces una crema hidratante o un champú contra la caspa. El caso es que las mezclo por intuición. Las huelo y según me inspire su aroma le añado otra cosa o pongo más o menos cantidad. Total que abro el frasco, lo huelo, sin leer la etiqueta ni *na* para que sea su aroma el que guíe mi intuición. De manera que un día me drogué cuando cogí un frasco de popper que mi amiga había dejado por descuido junto a mis frascos de esencias y lo olí y se me quitó el dolor del pie, que tengo un espolón que me está matando. Mis amigas se ríen cuando se lo cuento pero Iñaki sabe que fue real como la vida misma, tan real que la abracé y bailamos hasta caer rendidas de la risa.

Cuando siempre lavo la ropa de hombres, bebes, niñas, mujeres por separado. Porque las manchas son diferentes pienso, pero no es por eso, es por otra cosa que no sé explicar: cosas de tabúes escondidas en mis entrañas emocionales.

Cuando saco la ropa de la lavadora inmediatamente que haya terminado su ciclo porque si no olerá a huevos podridos.

Cuando la gente me dice que no sabía que tender la ropa al sol desinfectase y blanqueara.

Cuando las payas piensan que no sabemos combinar los colores.

Cuando las gitanas van de negro.

Cuando los lunares los llevan payas adineradas.

Cuando en la Feria de Sevilla, las payas llevan trajes de gitana y sienten que es *mu* andaluz.

Cuando tendí la ropa de Miguel antes que naciera y justo después fuimos al hospital a parirlo.

Cuando llueve y se nos moja la ropa y hay que volver a lavarla.

Cuando usamos la misma ropa, payas y gitanas, comprada

en los mismos sitios, pero a nosotras nos queda diferente, más gitano.

Cuando mi hermana y mi abuela odiaban que llevara las mangas empuñadas en la mano, y solo querían que me arremangara.

Cuando cualquiera de mi casa lava y tiende la ropa, pero a mí me gusta como lo hago yo. Y a mi abuela no le gustaba que nadie lavara los platos, *na* más que ella o yo o mis primas, pero nadie más.

Cuando mi abuela pagaba a una *lacorrilla pa* que le limpiara la casa cuando no estábamos ni yo ni mis primas o hermanas, pero no la dejaba que hiciera las camas ni que tocara la ropa, ni los platos, ni los vasos.

Cuando ahora sí que cojo ropa que me dan, pero nunca lo había hecho antes, a no ser que fuera de mis primas.

Cuando nos encontramos una caja de ropa perfecta subiendo una cuesta en la playa y mi *marí'o* no me dejó cogerla.

Cuando ahora las tiendas de segunda mano hacen dinero con lo que antes nos dábamos unas a otras.

Cuando las gitanas ahora venden ropa en Tik Tok, *mu vestí'as*, igual que en el *merca'o*.

Cuando mi *cuñ'á* pone su puesto de ropa en el mercadillo ¡Qué parece el escaparate de una boutique de Serrano!

Hay cuandos en los que la ropa me grita «¡Gitana!».

Palabras romaníes

Estos relatos han sido escritos en español gitano e incluyen las siguientes palabras romaníes (por orden de aparición):

Dilileta: tonta

Tasabela: lo mata

Querelo: presumo, alardeo

Pestañós: policías

Mutrándome: meándome

Enlacha: siente vergüenza

Roneanta: presumida

Lacorrilla(s): jóven(es) paya(s)

Mutran: mean

Chanela: sabe

Pureta: vieja

Cholorrico: pobrecito

Lache: vergüenza

Choré: sustraje

Jindela: huele

Jamba/o: paya/o

Camelándose: enamorando

Listado de fotografías originales por orden de aparición:

Portada: Gitanas en el Puente Romano de Salamanca.
Contraportada: Group of "gitanos".

Group of "gitanos"
(1863)
Robert Peters Napper
Museu Nacional d'Art de Catalunya

Familia de gitanos en Madrid
15 de junio de 1902
Archivo Ruiz Vernacci
IPCE Ministerio de Cultura y Deporte

Sin título
Obtenida en internet
Se desconoce la autoría.

Grenade. Bohémiennes ou gitanas. (d'après nature)
1862-1870
Jean Laurent
Museo Universidad de Navarra

Group of "gitanos"
(1863)
Robert Peters Napper
Museu Nacional d'Art de Catalunya

Gitana granadina
1890-1914
José García Ayola
BPE de Pontevedra (MCU)

Grenade. Famille de bohémiens (d'après nature)
1860
Jean Laurent
Library of Congress

Grupo de gitanos
Joaquim Pla Janini
Museu Nacional d'Art de Catalunya

Madrid. Vallecas-Zigeunermädchen
(1923-1936)
Otto Wunderlich, Archivo Wunderlich
IPCE Ministerio de Cultura y Deporte

Grupo de gitanos
Joaquim Pla Janini
Museu Nacional d'Art de Catalunya

Gitanas en el Puente Romano de Salamanca
1928
Cándido Ansede

Gitana granadina
1890-1914
José García Ayola
BPE de Pontevedra (MCU)

Grenade. Famille de bohémiens (d'après nature)
1860
Jean Laurent
Library of Congress

Nota de la autora

La diáspora romaní se inició el 20 de diciembre de 1018 (8 de shaban del 409 de la hégira) cuando la ciudad natal del Pueblo Gitano, Kannauj (Uttar Pradesh, India), fue atacada por el sultán Ma-m-d de Ghazni quien capturó a 53.000 de sus habitantes. Esclavizadas y vendidas a nobles, fueron dispersadas por el Imperio gaznávida. Cuando éste fue derrotado en la batalla de Dandanaqan, muchas de nuestras antepasadas formaban parte de sus tropas que pasaron a ser prisioneras del Imperio selyúcida que se extendió por Persia. Con la expansión del Imperio selyúcida, mis antepasadas llegaron a tierras del Imperio bizantino (actual Turquía) lo que las situó a las puertas de Europa. Fue allí donde empezaron a dejar de ser indias para empezar a ser romaníes. Tras la caída de Constantinopla, las gentes europeas contemplaron la llegada de unas familias ataviadas con exóticas vestimentas a las que llamaron gitanas pues en su imaginación aquellos grupos familiares les parecieron similares a la Sagrada Familia en su huida a Egipto.

Desde entonces, esa mirada exotizante, que nos ha convertido en egipcias aunque nosotras gritásemos que veníamos de la India y nos ha impuesto el nombre de gitanas cuando nosotras somos calís o romís, nos ha utilizado como objeto en todas las artes. Y la fotografía no ha escapado a esa rutina: ya los pioneros fotógrafos fijaron su mirada extraña en las gitanas. Esa mirada turbia, sucia, cargada de prejuicios y estereotipos que ve lo que quiere ver sin esforzarse en indagar lo que las personas retratadas quieren mostrar.

Y aquí estoy yo, desfacedora de entuertos, buscando la forma de devolverles el protagonismo a mis tías y a las tías de mis abuelas, interviniendo aquellas viejas fotografías que circulan por Internet a través del uso de los colores de la bandera gitana (rojo, verde y azul) para que vuelvan a ser sujetos y no meros objetos exóticos captadas por la mirada turbia de un extraño.

Y como cada fotografía remueve mis adentros y me saca recuerdos o, incluso, vivencias que no he vivido, las convierto en un relato que complementa las fotos para que conjuntamente compongan un album familiar que pueda mostrarles con orgullo a mis criaturas.

Nota editorial

La Parcería Edita es un espacio de pensamiento y puesta en común que, a través del libro, la creación audiovisual y objetual, posibilita la propagación de narrativas, proyectos, conocimientos y visiones de nuestros mundos, otros. Desde este espacio, creemos en la fuerza política de la acción cultural desde lo individual, lo colectivo y lo comunitario, atravesando edades, identidades, subjetividades, géneros y fronteras.

Este proyecto editorial busca promover alternativas a un pensamiento único que se pretende hegemónico y que ha moldeado un mundo injusto y desigual. Por esto, en la base de nuestras acciones está el intercambio, el reconocerse en lxs otrxs, en la promoción de debates que motiven y apuesten por procesos de cambio en el modelo social, económico y cultural.

En el catálogo de La Parcería Edita se enredan conceptos como deconstrucción, resistencia, diversidad, viaje, memoria, historia, aprendizaje, libertad, afecto, cuidados, igualdad y solidaridad, entre otros.

Este libro se terminó de imprimir en diciembre de 2024 en Madrid.